Impressum
Verlag: BABADADA GmbH, Nedderfeld 112 , 22529 Hamburg
Geschäftsführer / Verlagsleitung: Harald Hof
Druck: Books on Demand GmbH, In de Tarpen 42, 22848 Norderstedt

Imprint
Publisher: BABADADA GmbH, Nedderfeld 112 , 22529 Hamburg, Germany
Managing Director / Publishing direction: Harald Hof
Print: Books on Demand GmbH, In de Tarpen 42, 22848 Norderstedt, Germany

škola

escuela

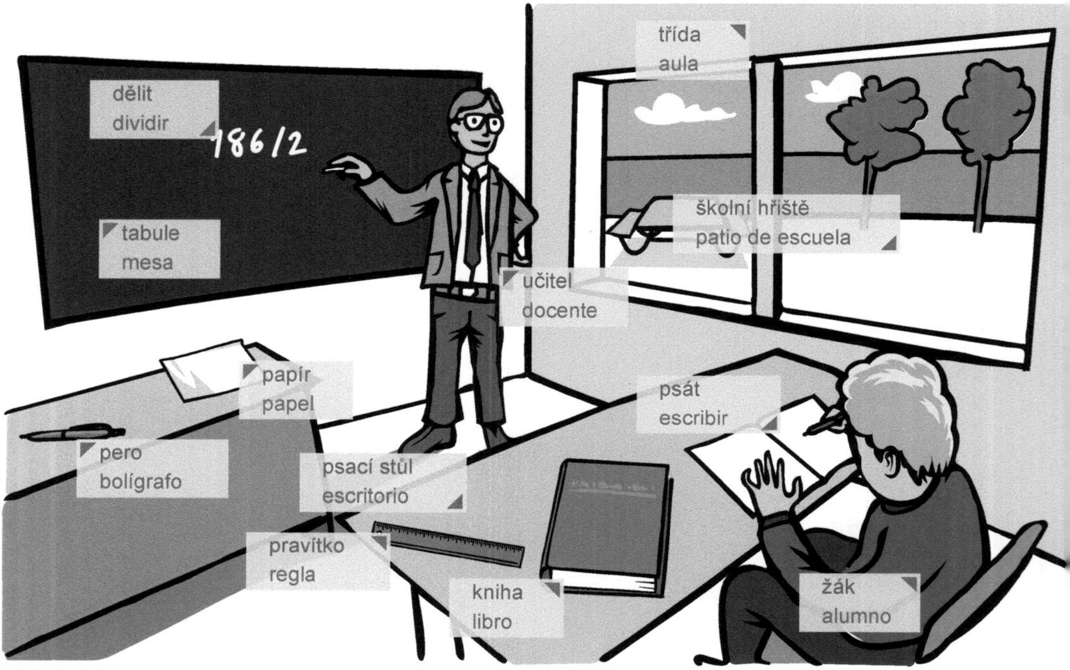

třída
aula
dělit
dividir
186/2
tabule
mesa
školní hřiště
patio de escuela
učitel
docente
papír
papel
psát
escribir
pero
bolígrafo
psací stůl
escritorio
pravítko
regla
kniha
libro
žák
alumno

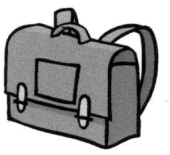

aktovka

mochila escolar

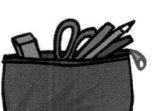

penál

caja de lápices

tužka

lápiz

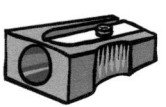

ořezávátko

sacapuntas

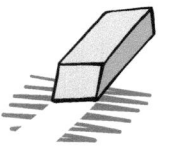

guma

goma de borrar

blok na kreslení

bloc de dibujo

výkres
dibujo

štětec
pincel

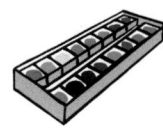

malířské potřeby
caja de pinturas

nůžky
tijera

lepidlo
pegamento

cvičebnice
libro de ejercicios

domácí úkol
tarea

počet
número

sčítat
sumar

odčítat
restar

násobit
multiplicar

počítat
calcular

písmeno
letra

abeceda
alfabeto

slovo
palabra

text
texto

číst
leer

křída
tiza

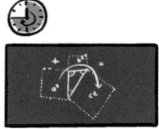

hodina
lección

třídní kniha
libro de clase

zkouška
examen

vysvědčení
certificado

školní uniforma
uniforme escolar

vzdělání
educación

encyklopedie
enciclopedia

univerzita
universidad

mikroskop
microscopio

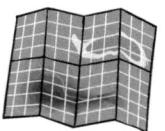

karta
mapa

odpadkový koš na papír
cesto de papeles

cesta

viaje

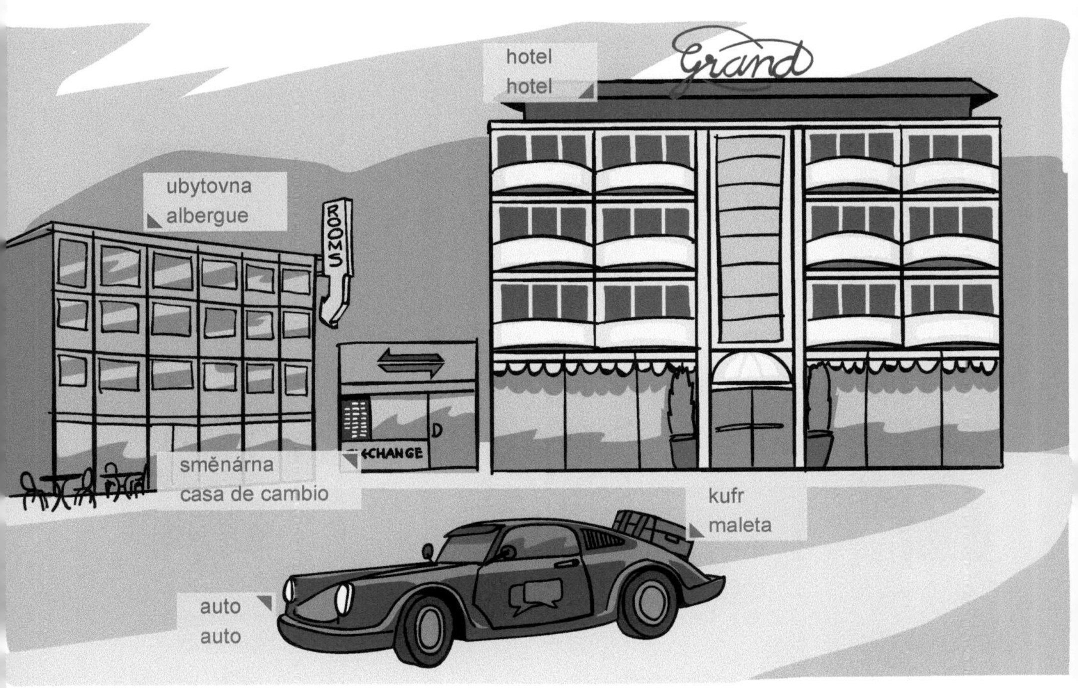
hotel
hotel
Grand
ubytovna
albergue
ROOMS
směnárna
casa de cambio
CHANGE
kufr
maleta
auto
auto

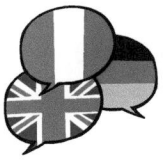

jazyk

idioma

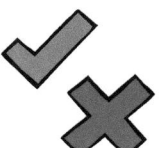

ano / ne

sí / no

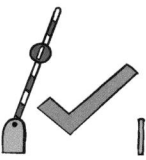

oukej

ok

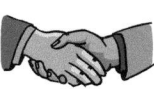

Ahoj!

hola

překladatel

intérprete

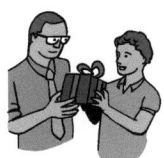

děkuji

gracias

Kolik stojí...?

¿Cuánto cuesta...?

nerozumím

No entiendo

problém

problema

Dobrý večer!

¡Buenas tardes!

Dobré ráno!

¡Buenos días!

Dobrou noc!

¡Buenas noches!

na shledanou

adiós

směr

dirección

zavazadlo

equipaje

taška

bolso

batoh

mochila

host

invitado

pokoj

cuarto

spací pytel

saco de dormir

stan

tienda de campaña

turistické informace	pláž	kreditní karta
información al turista	playa	tarjeta de crédito

snídaně	oběd	večeře
desayuno	almuerzo	cena

jízdenka	výtah	poštovní známka
pasaje	ascensor	sello

hranice	clo	poselství
límite	aduana	embajada

vízum	pas	
visa	pasaporte	

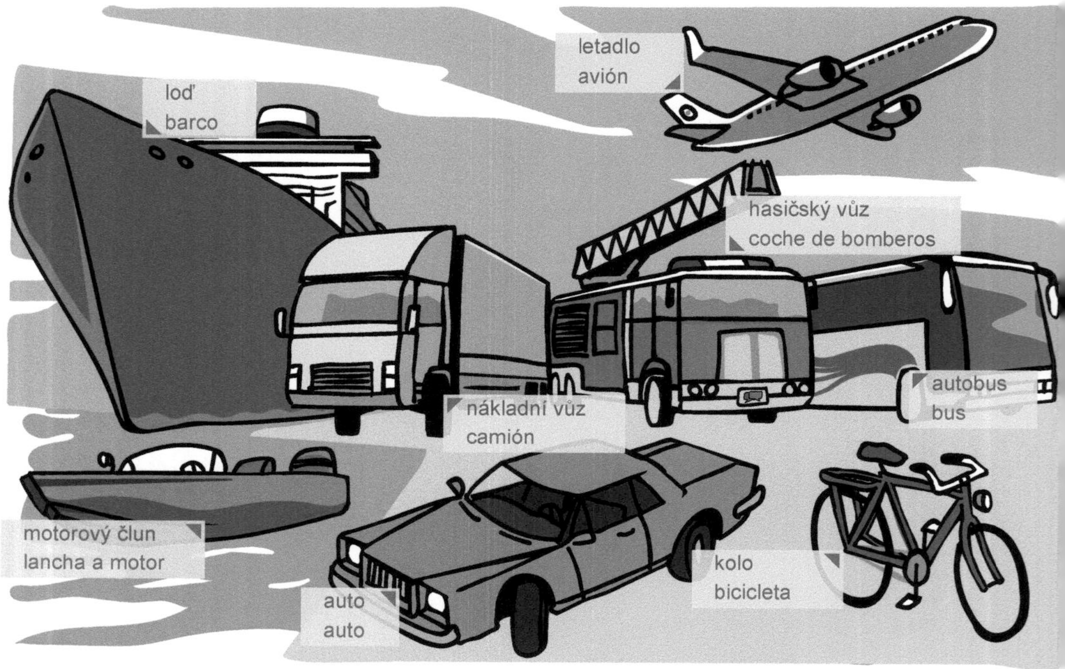

letadlo
avión

loď
barco

hasičský vůz
coche de bomberos

autobus
bus

nákladní vůz
camión

motorový člun
lancha a motor

kolo
bicicleta

auto
auto

přívoz	člun	motorka
balsa	lancha	motocicleta

policejní auto	závodní auto	pronajaté auto
auto de policía	auto de carreras	auto de alquiler

sdílení aut

alquiler de autos

odtahová služba

grúa

popelářský vůz

vehículo recolector de basura

motor

motor

palivo

gasolina

čerpací stanice

gasolinera

dopravní značka

señal de tráfico

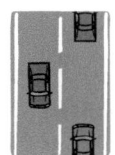

doprava

tránsito

dopravní zácpa

atasco

parkoviště

estacionamiento

vlakové nádraží

estación de tren

koleje

carril

vlak

tren

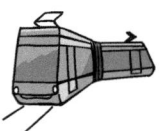

tramvaj

tranvía

vagón

vagón

helikoptéra

helicóptero

letiště

aeropuerto

věž

torre

pasažér

pasajero

kontejner

contenedor

kartón

caja de cartón

trakař

carro

koš

cesta

vzlétnout / přistát

despegar / aterrizar

město

ciudad

vesnice

aldea

střed města

centro de la ciudad

dům

casa

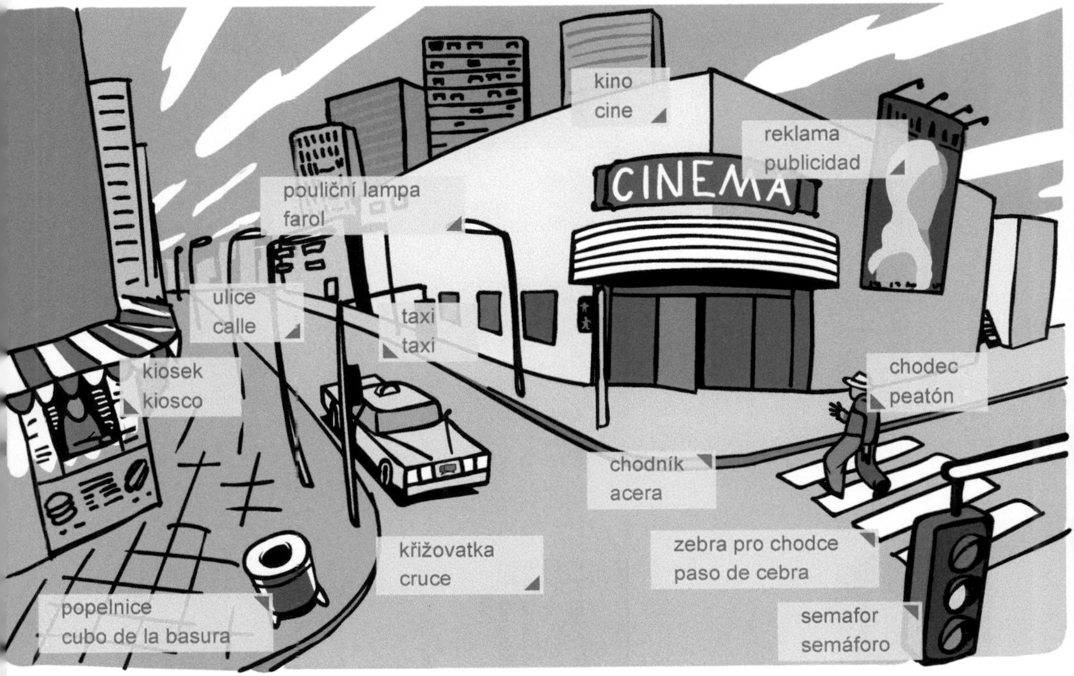

kino
cine
reklama
publicidad
CINEMA
pouliční lampa
farol
ulice
calle
taxi
taxi
kiosek
kiosco
chodec
peatón
chodník
acera
křižovatka
cruce
zebra pro chodce
paso de cebra
popelnice
cubo de la basura
semafor
semáforo

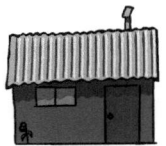

chata

cabaña

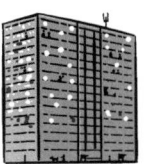

byt

apartamento

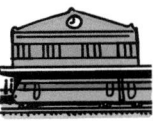

vlakové nádraží

estación de tren

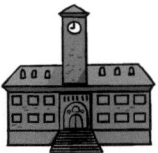

radnice

ayuntamiento

MUSEUM

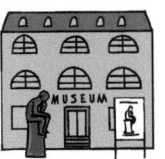

muzeum

museo

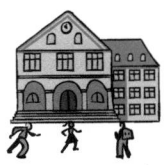

škola

escuela

univerzita

universidad

banka

banco

nemocnice

hospital

hotel

hotel

lékárna

farmacia

kancelář

oficina

knihkupectví

librería

obchod

negocio

květinářství

florería

supermarket

supermercado

tržnice

mercado

obchodní dům

grandes almacenes

rybárna

pescadería

nákupní centrum

centro comercial

přístav

puerto

park

parque

lavička

banco

most

puente

schody

escalera

metro

metro

tunel

túnel

autobusová zastávka

parada de autobuses

bar

bar

restaurace

restaurante

poštovní schránka

buzón de correo

pouliční tabule

letrero

parkovací hodiny

parquímetro

zoo

zoológico

plovárna

piscina

mešita

mezquita

usedlost

granja

znečišťování životního prostředí

polución

hřbitov

cementerio

církev

iglesia

hřiště

parque infantil

chrám

templo

krajina

paisaje

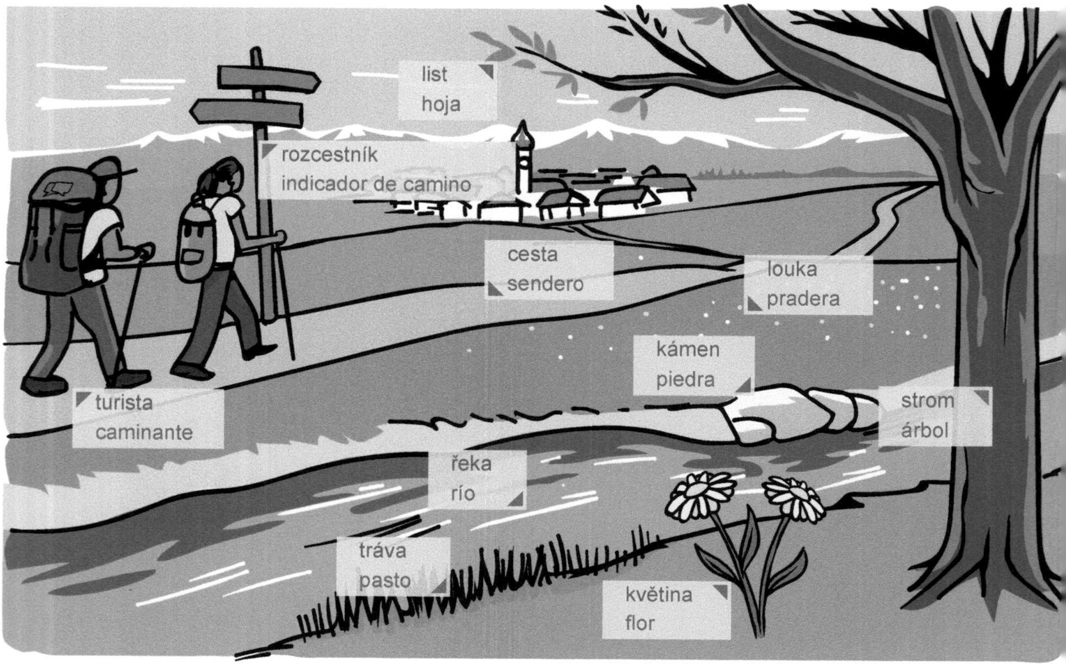

list
hoja

rozcestník
indicador de camino

cesta
sendero

louka
pradera

kámen
piedra

turista
caminante

strom
árbol

řeka
río

tráva
pasto

květina
flor

údolí
valle

hora
montaña

jezero
lago

les
bosque

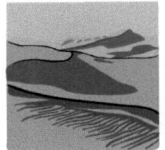

poušť
desierto

sopka
volcán

zámek
castillo

duha
arco iris

houba
seta

palma
palmera

komár
mosquito

moucha
mosca

mravenec
hormiga

včela
abeja

pavouk
araña

krajina - paisaje

15

brouk

escarabajo

žába

rana

veverka

ardilla

ježek

erizo

zajíc

liebre

sova

lechuza

pták

pájaro

labuť

cisne

divoké prase

jabalí

jelen

ciervo

los

alce

přehrada

embalse

větrné kolo

aerogenerador

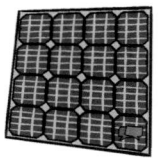

solární panel

módulo solar

podnebí

clima

restaurace
restaurante

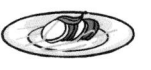

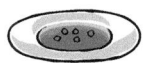

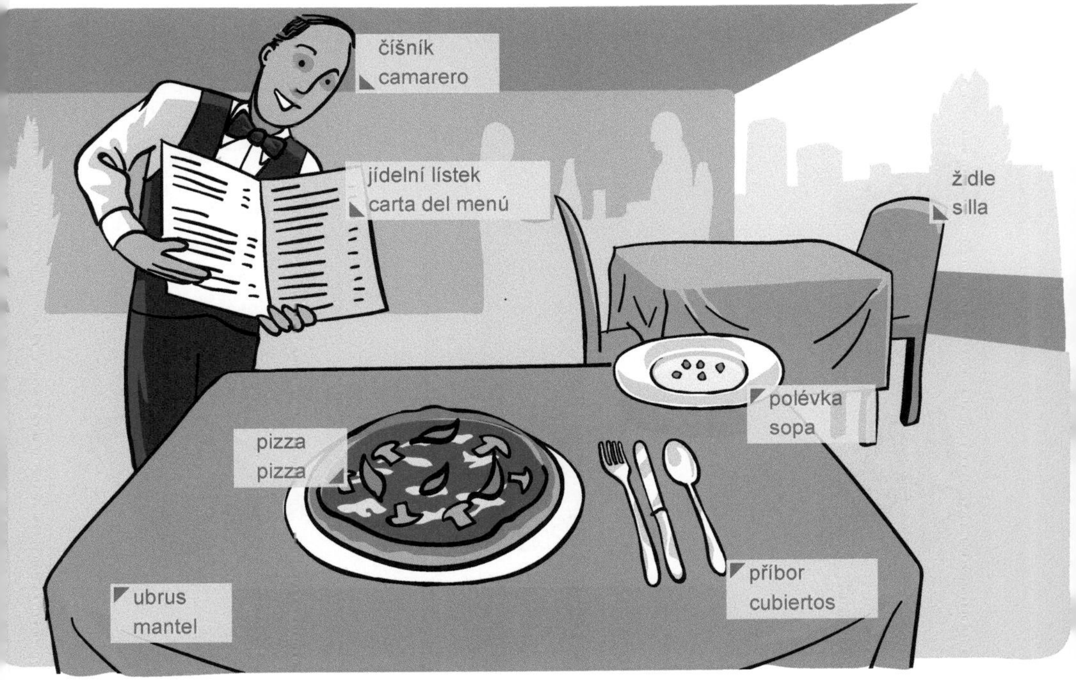
číšník
camarero
jídelní lístek
carta del menú
židle
silla
polévka
sopa
pizza
pizza
příbor
cubiertos
ubrus
mantel

předkrm

entrada

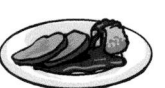

hlavní chod

plato principal

dezert

postre

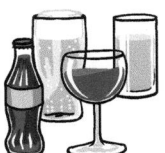

nápoje

bebida

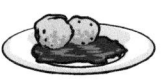

jídlo

comida

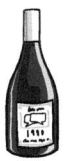

láhev

botella

rychlé občerstvení

comida rápida

pouliční občerstvení

comida callejera

čajová konvice

tetera

cukřenka

azucarera

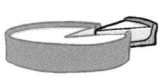

porce

porción

kávovar na espresso

máquina de espresso

dětská stolička

silla alta

faktura

factura

tác

bandeja

nůž

cuchillo

vidlička

tenedor

lžíce

cuchara

čajová lyžička

cuchara de té

ubrousek

servilleta

sklenička

vaso

talíř
plato

talíř na polévku
plato de sopa

podšálek
platillo

omáčka
salsa

slánka
salero

mlýnek na pepř
molinillo para pimienta

ocet
vinagre

olej
aceite

koření
especias

kečup
ketchup

hořčice
mostaza

majonéza
mayonesa

supermarket
supermercado

nabídka
oferta
FOR
zákazník
cliente
mléčné výrobky
productos lácteos
ovoce
fruta
nákupní vozík
carrito de compras

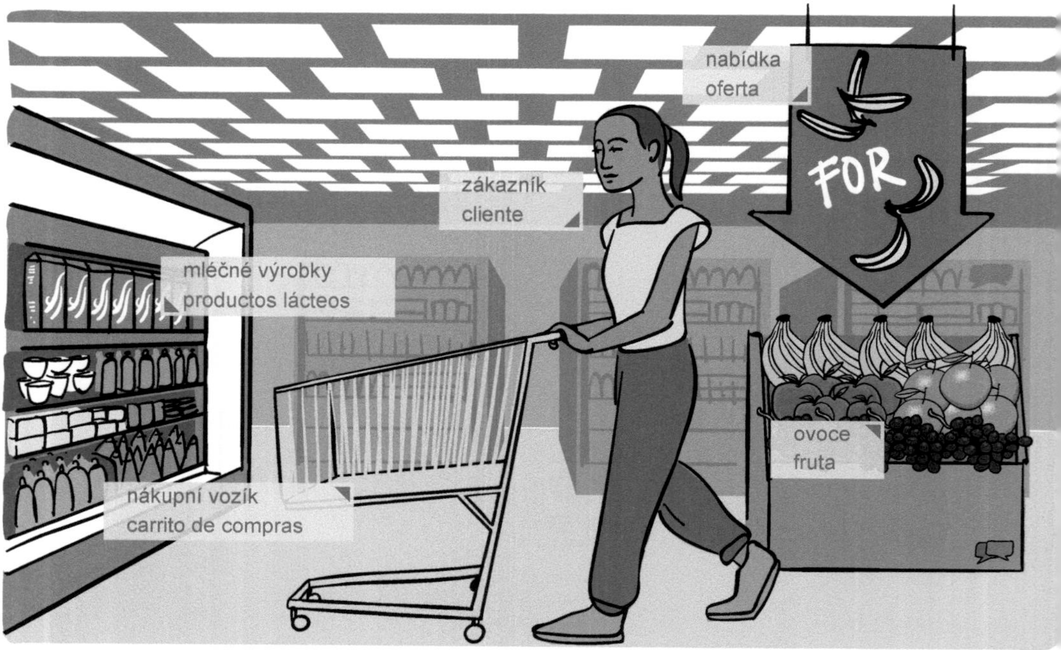

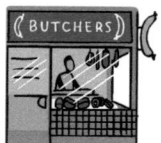

BUTCHERS

masna

carnicería

BAKERY

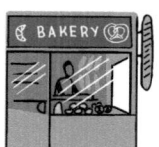

pekařství

panadería

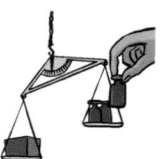

vážit

pesar

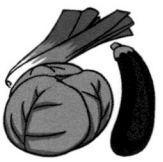

zelenina

verdura

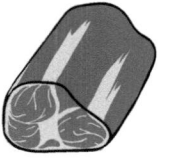

maso

carne

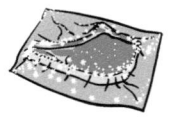

mražené potraviny

alimentos congelados

obložený talíř

fiambre

konzervy

conservas

prací prášek

detergente en polvo

cukrovinky

dulces

výrobky pro domácnost

artículos domésticos

čisticí prostředek

productos de limpieza

prodavačka

vendedora

pokladna

caja

pokladní

cajero

nákupní seznam

lista de compras

otevírací doba

horario de atención

peněženka

cartera

kreditní karta

tarjeta de crédito

taška

maleta

igelitová taška

bolsa plástica

supermarket - supermercado

voda

agua

džus

jugo

mléko

leche

kola

refresco de cola

víno

vino

pivo

cerveza

alkohol

alcohol

kakao

cacao

čaj

té

káva

café

espresso

espresso

kapučíno

cappuccino

banán

banana

jablko

manzana

pomeranč

naranja

meloun

sandía

citrón

limón

mrkev

zanahoria

česnek

ajo

bambus

bambú

cibule

cebolla

houba

seta

ořechy

nueces

těstoviny

fideos

špageti

espagueti

rýže

arroz

salát

ensalada

hranolky

patatas fritas

americké brambory

patatas salteadas

pizza

pizza

hamburger

hamburguesa

sendvič

sándwich

řízek

escalope

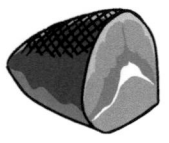

šunka

jamón

salám

salame

salám

embutido

kuře

pollo

pečeně

asado

ryby

pescado

ovesné vločky

copos de avena

müsli

musli

vločky

copos de maíz tostado

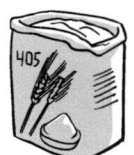

mouka

harina

croissant

croissant

houska

panecillo

chléb

pan

toast

tostada

sušenky

galletas

máslo

mantequilla

tvaroh

cuajada

buchta

pastel

vejce

huevo

volské oko

huevo frito

sýr

queso

zmrzlina

helado

cukr

azúcar

med

miel

marmeláda

mermelada

nugátový krém

praliné

kari

curry

usedlost
granja

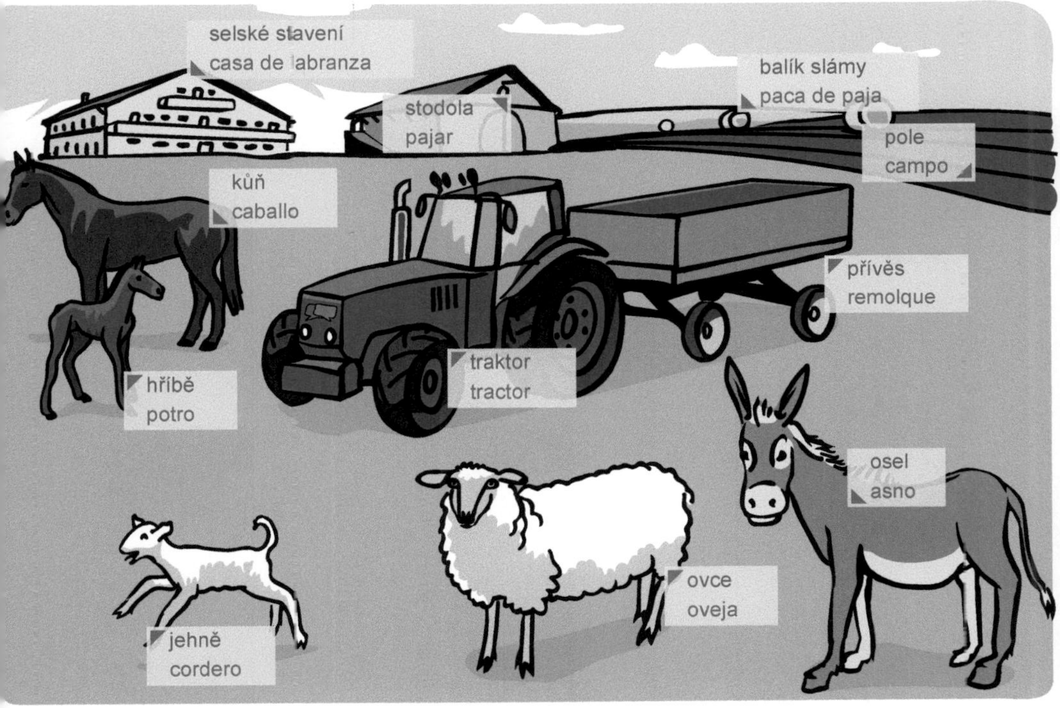
selské stavení
casa de labranza
stodola
pajar
balík slámy
paca de paja
pole
campo
kůň
caballo
přívěs
remolque
traktor
tractor
hříbě
potro
osel
asno
ovce
oveja
jehně
cordero

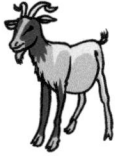

koza

cabra

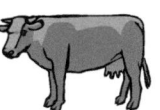

kráva

vaca

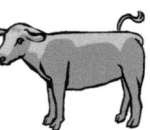

tele

ternero

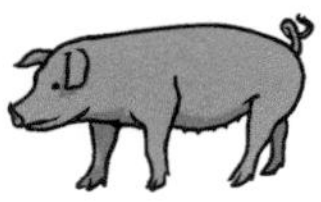

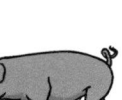

prase

cerdo

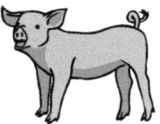

sele

lechón

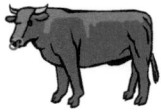

býk

toro

husa

ganso

kachna

pato

kuře

polluelo

slepice

pollo

kohout

gallo

krysa

rata

kočka

gato

myš

ratón

vůl

buey

pes

perro

psí bouda

caseta del perro

zahradní hadice

manguera de riego

kropicí konev

regadera

kosa

guadaña

pluh

arado

srp

hoz

motyka

azada

vidle

bieldo

sekera

hacha

kolecko

carretilla

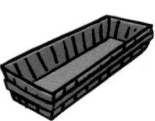

koryto

abrevadero

konev na mléko

lechera

pytel

saco

plot

cerca

stáj

establo

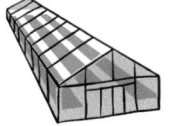

skleník

invernadero

půda

suelo

osivo

semilla

hnojivo

fertilizante

kombajn

cosechadora

sklidit

cosechar

sklizeň

cosecha

smldinec

raíz de ñame

pšenice

trigo

sója

soja

brambora

patata

kukuřice

maíz

řepka

colza

ovocný strom

Árbol frutal

maniok

mandioca

obilí

cereales

dům
casa

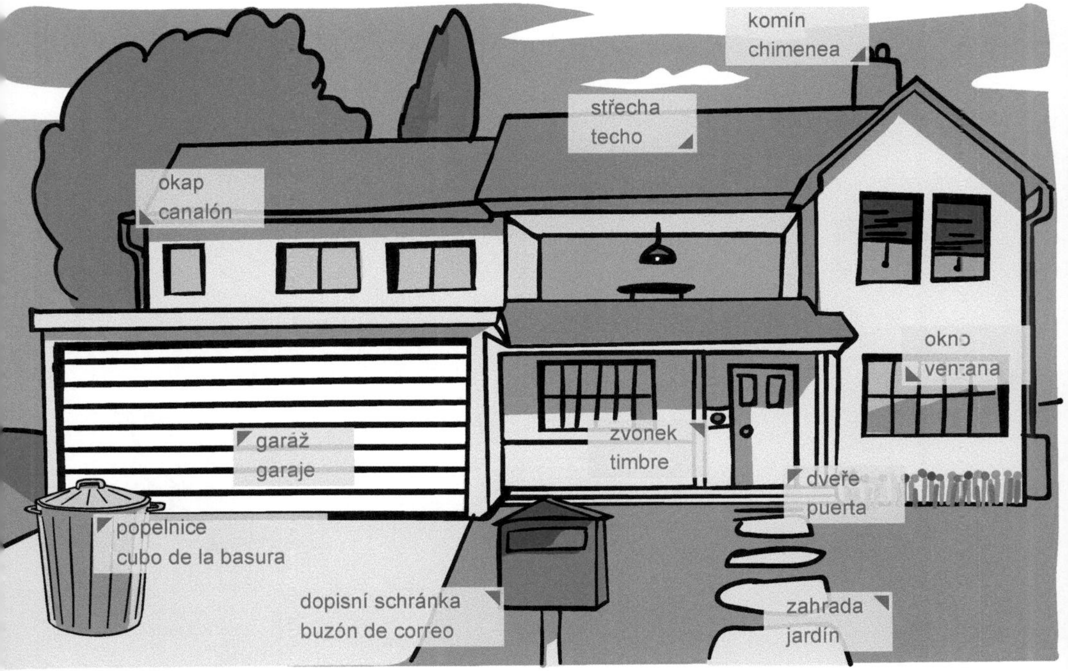

komín
chimenea
střecha
techo
okap
canalón
okno
ventana
garáž
garaje
zvonek
timbre
dveře
puerta
popelnice
cubo de la basura
dopisní schránka
buzón de correo
zahrada
jardín

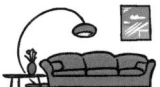

obývací pokoj

cuarto de estar

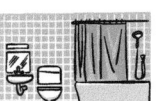

koupelna

cuarto de baño

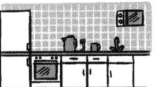

kuchyně

cocina

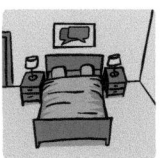

ložnice

dormitorio

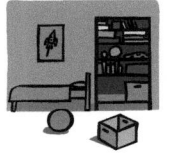

dětský pokoj

cuarto de los niños

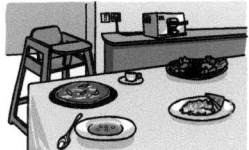

jídelna

comedor

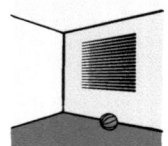

podlaha

piso

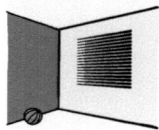

zeď

pared

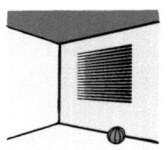

deka

cielorraso

sklep

sótano

sauna

sauna

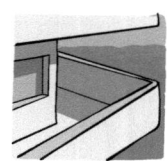

balkón

balcón

terasa

terraza

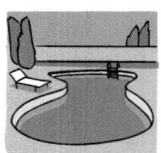

bazén

piscina

sekačka na trávu

cortacésped

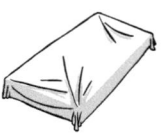

ložní prádlo

funda nórdica

lůžková přikrývka

edredón

postel

cama

smeták

escoba

kýbl

cubo

vypínač

interruptor

obývací pokoj
cuarto de estar

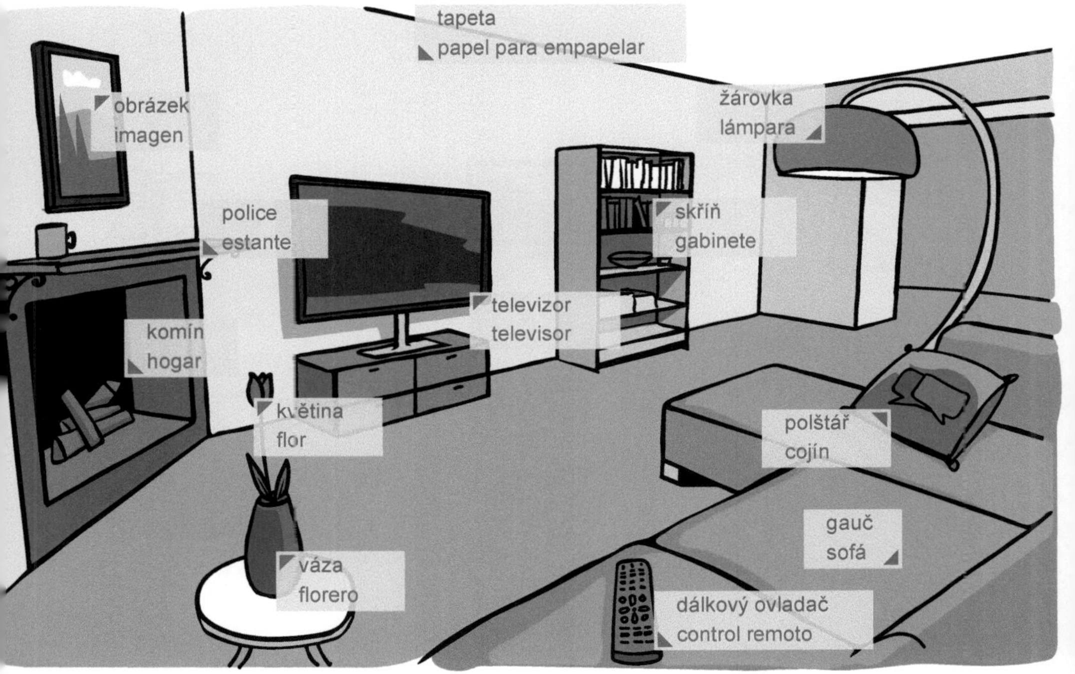
tapeta
papel para empapelar
obrázek
imagen
žárovka
lámpara
police
estante
skříň
gabinete
televizor
televisor
komín
hogar
květina
flor
polštář
cojín
gauč
sofá
váza
florero
dálkový ovladač
control remoto

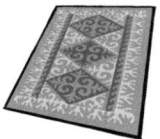

koberec

alfombra

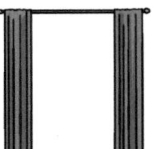

závěs

cortina

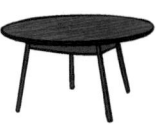

stůl

mesa

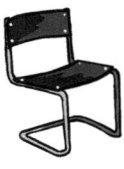

židle

silla

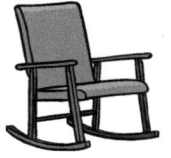

houpací křeslo

mecedora

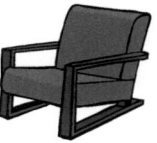

křeslo

sillón

kniha

libro

strop

frazada

ozdoba

decoración

palivové dříví

leña

film

film

stereo souprava

equipo estereofónico

klíč

llave

noviny

periódico

malba

cuadro

plakát

póster

rádio

radio

poznámkový blok

bloc de notas

vysavač

aspiradora

kaktus

cactus

svíce

vela

obývací pokoj - cuarto de estar

kuchyně
cocina

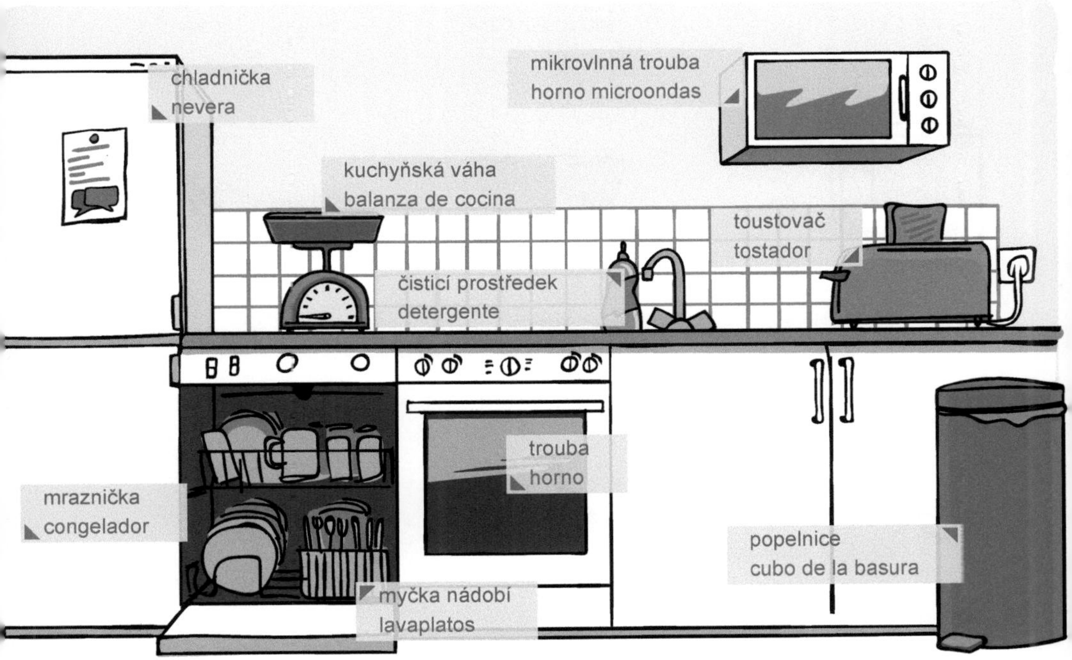
chladnička
nevera
mikrovlnná trouba
horno microondas
kuchyňská váha
balanza de cocina
toustovač
tostador
čisticí prostředek
detergente
trouba
horno
mraznička
congelador
popelnice
cubo de la basura
myčka nádobí
lavaplatos

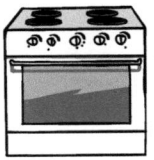

sporák
cocina

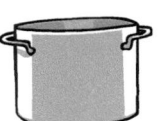

hrnec
olla

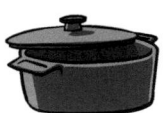

litinový hrnec
olla de fundición de hierro

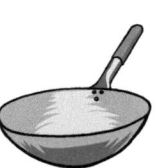

wok / kadai
wok / kadai

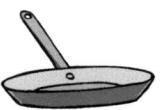

pánev
sartén

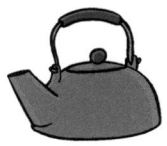

varná konvice
hervidor de agua

parní hrnec

olla de vapor

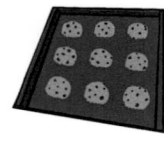

plech na pečení

bandeja de horno

nádobí

vajilla

hrnek

vaso

miska

bol

jídelní hůlky

palillos para comer

naběračka

cucharón de sopa

obracečka

espátula

metla

batidor

síto

colador

cedník

cedazo

struhadlo

rallador

hmoždíř

mortero

gril

parrillada

ohniště

fogata

prkénko na krájení
....
tabla de picar

váleček na těsto
....
rodillo

vývrtka
....
sacacorchos

dóza
....
lata

otvírák na konzervy
....
abrelatas

chňapka
....
agarrador

umyvadlo
....
fregadero

kartáč na nádobí
....
cepillo

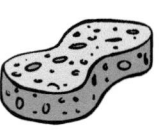

houba
....
esponja

mixér
....
batidora

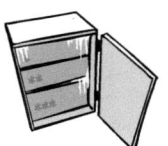

mrazák
....
arcón congelador

dětská lahev
....
biberón

kohoutek
....
grifo

koupelna
cuarto de baño

topení
calefacción
sprcha
ducha
ručník
toalla
sprchový závěs
cortina para ducha
pěnová koupel
baño de espuma
vana
bañera
sklenička
vaso
pračka
lavadora
kohoutek
grifo
obkladačky
baldosa
nočník
orinal
umyvadlo
fregadero

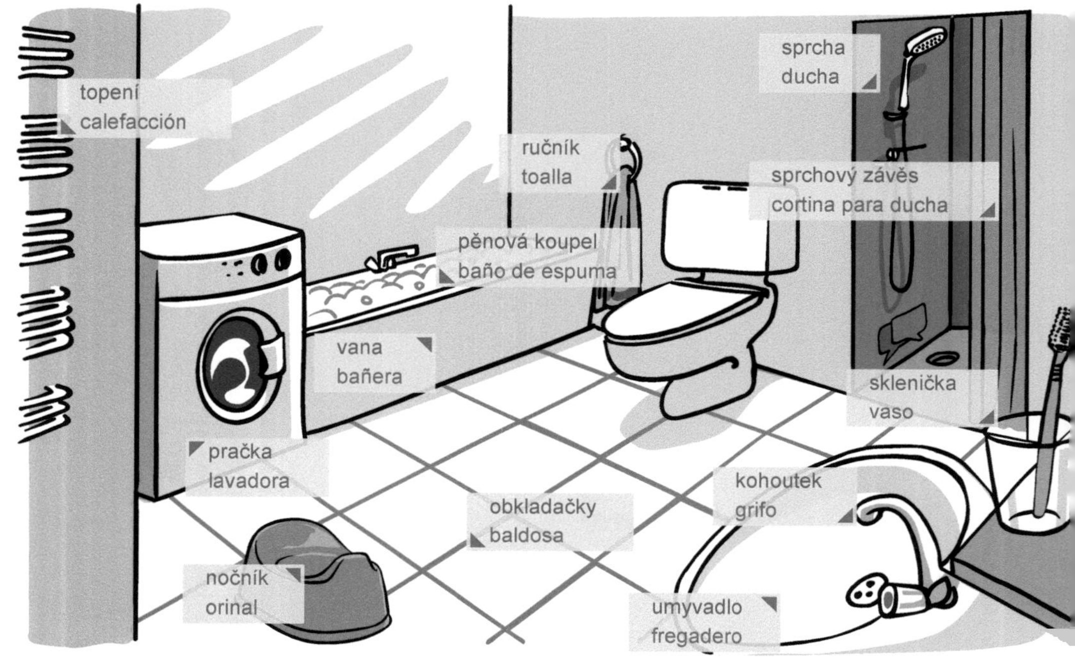

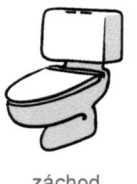

záchod

cuarto de baño

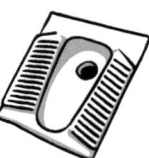

turecký záchod

placa turca

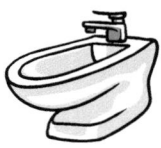

bidet

bidé

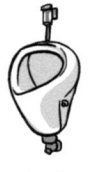

pisoár

urinario

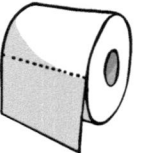

toaletní papír

papel higiénico

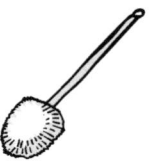

záchodová štětka

escobilla para el cuarto de baño

zubní kartáček

cepillo de dientes

zubní pasta

pasta dentífrica

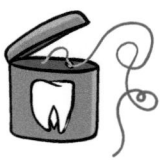

zubní niť

seda dental

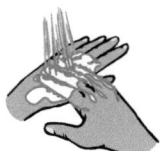

mýt

lavar

ruční sprcha

ducha teléfono

intimní sprcha

ducha higiénica

umyvadlo

cuenco

kartáč na záda

cepillo para la espalda

mýdlo

jabón

sprchový gel

gel de ducha

šampón

champú

žínka

manopla para baño

odpad

desagüe

krém

crema

deodorant

desodorante

zrcadlo

espejo

kosmetické zrcátko

espejo de maquillaje

holicí strojek

máquina de afeitar

pěna na holení

espuma de afeitar

voda po holení

loción para después del afeitado

hřeben

peine

kartáč

cepillo

fén

secador para cabello

lak na vlasy

laca de peinado

makeup

maquillaje

rtěnka

lápiz labial

lak na nehty

laca para uñas

vata

algodón

nůžky na nehty

tijera para uñas

parfém

perfume

taška s toaletními potřebami

neceser

stolička

taburete

váha

balanza

župan

bata de baño

gumové rukavice

guantes de goma

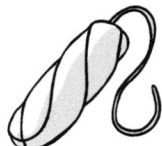

tampón

tampón

dámská vložka

compresa

chemická toaleta

wáter químico

dětský pokoj
cuarto de los niños

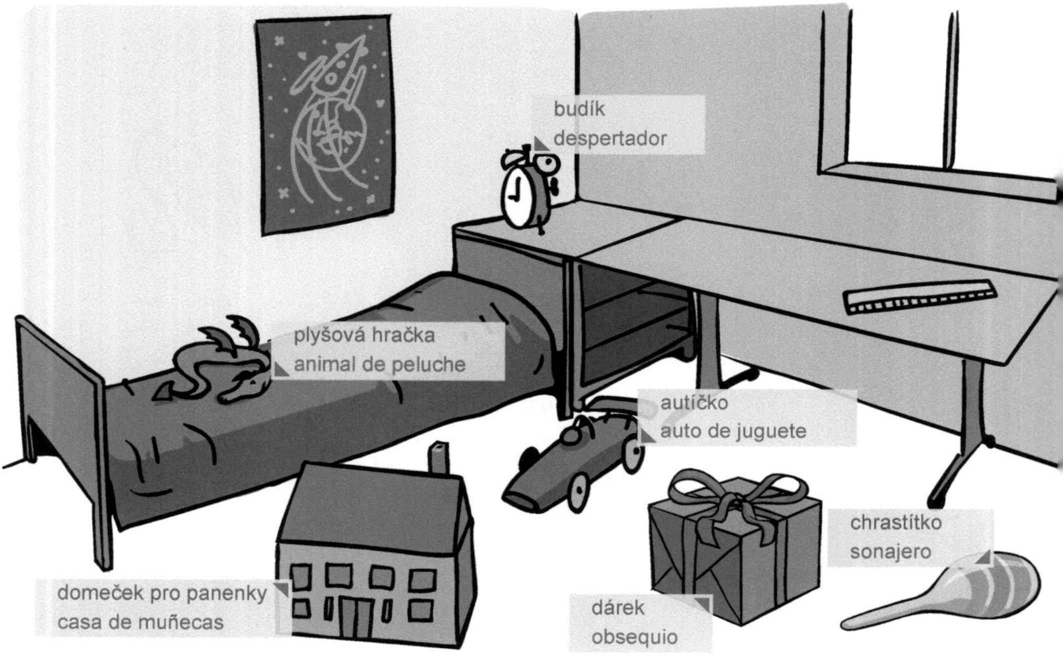
budík
despertador
plyšová hračka
animal de peluche
autíčko
auto de juguete
chrastítko
sonajero
domeček pro panenky
casa de muñecas
dárek
obsequio

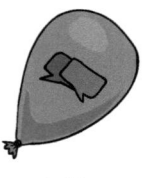

balón

globo

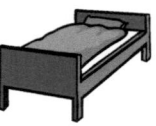

postel

cama

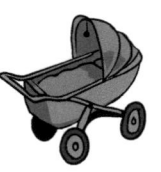

kočárek

cochecito para niños

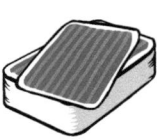

balíček karet

juego de barajas

puzzle

rompecabezas

SUPER
MEGA

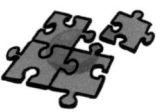

komiks

cómic

lego kostky

piezas de Lego

stavebnice

bloques para jugar

akční figurka

figura de acción

dupačky

pijama de una pieza

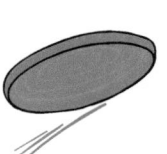

frisbee

frisbee

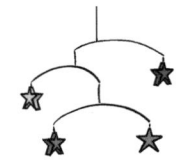

závěsné hračky nad
postýlku
móvil

desková hra

juego de mesa

kostky

dado

modelová železnice

tren eléctrico a escala

dudlík

chupete

oslava

fiesta

obrázková kniha

libro de dibujos

míč

pelota

panenka

títere

hrát si

jugar

pískoviště
....
arenero

houpačka
....
columpio

hračky
....
juguetes

hrací konzole
....
consola de videojuego

tříkolka
....
triciclo

medvídek
....
osito de peluche

šatník
....
guardarropa

oblečení
vestimenta

ponožky
....
calcetines

punčochy
....
medias

punčochové kalhoty
....
panti

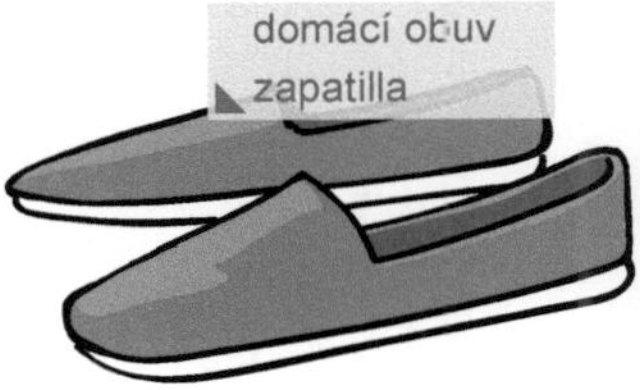

šála
chal

deštník
paraguas

tričko
camiseta

pásek
cinturón

kozačky
botas

domácí obuv
zapatilla

tenisky
deportivas

sandály
sandalias

obuv
zapatos

holínky
botas de goma

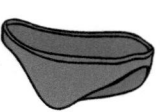

spodní prádlo
ropa interior

podprsenka
corpiño

nátělník
camiseta

body
body

kalhoty
pantalón

džíny
jeans

sukně
falda

blůza
blusa

košile
camisa

svetr
pullover

mikina
sweater

blejzr
blazer

bunda
chaqueta

kabát
abrigo

pláštěnka
impermeable

kostým
traje chaqueta

šaty
vestido

svatební šaty
vestido de bodas

oblek

traje

noční košile

camisón

pyžamo

pijama

sárí

sari

šátek na hlavu

pañuelo de cabeza

turban

turbante

burka

burka

kaftan

caftán

abája

abaya

plavky

traje de baño

pánské plavky

bañador

kraťasy

shorts

teplákova souprava

chándal

zástěra

delantal

rukavice

guante

knoflík

botón

brýle

gafa

náramek

brazalete

náhrdelník

cadena

prsten

anillo

náušnice

aro

čepice

gorra

ramínko

percha

klobouk

sombrero

kravata

corbata

zip

cierre a cremallera

helma

casco

kšandy

tiradores

školní uniforma

uniforme escolar

uniforma

uniforme

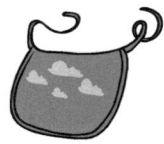

bryndák

babero

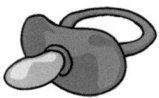

dudlík

chupete

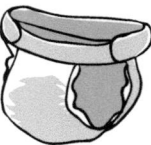

plena

pañal

kancelář

oficina

server
servidor
kartotéka
archivador
tiskárna
impresora
papír
papel
monitor
monitor
myš
ratón
psací stůl
escritorio
šanon
carpeta
klávesnice
teclado
odpadkový koš na papír
cesto de papeles
židle
silla
počítač
ordenador

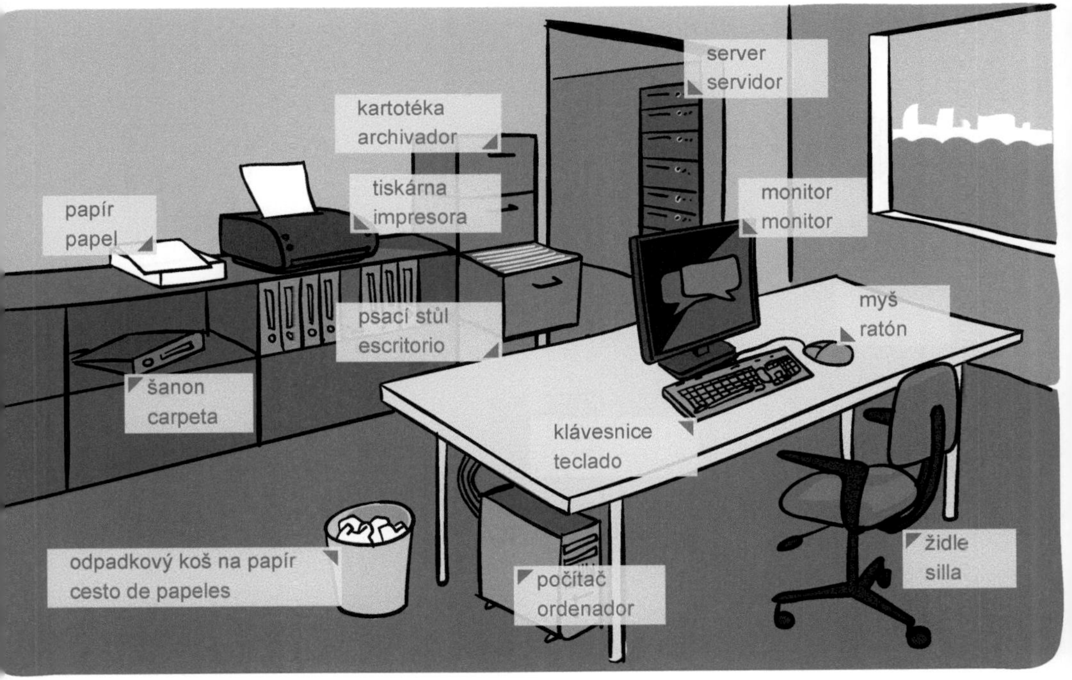

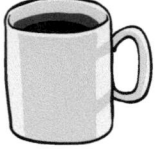

hrnek na kávu

taza de café

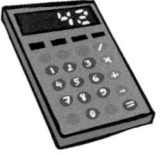

kalkulačka

calculadora

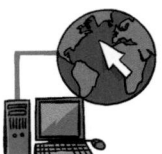

internet

internet

notebook
laptop

dopis
carta

zpráva
mensaje

mobil
teléfono móvil

síť
red

kopírka
fotocopiadora

software
software

telefon
teléfono

zásuvka
tomacorriente

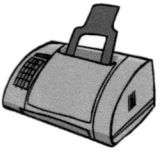

fax
máquina de fax

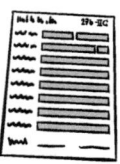

formulář
formulario

dokument
documento

nakupovat

comprar

zaplatit

pagar

jednat

comerciar

peníze

dinero

dolar

dólar

euro

euro

jen

yen

rubl

rublo

frank

franco

juan

renminbi

rupie

rupia

bankomat

cajero automático

směnárna

casa de cambio

zlato

oro

stříbro

plata

olej

petróleo

energie

energía

cena

precio

smlouva

contrato

daň

impuesto

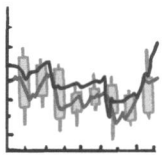

akcie

acción

pracovat

trabajar

zaměstnanec

empleado

zaměstnavatel

empleador

továrna

fábrica

obchod

negocio

povolání
ocupaciones

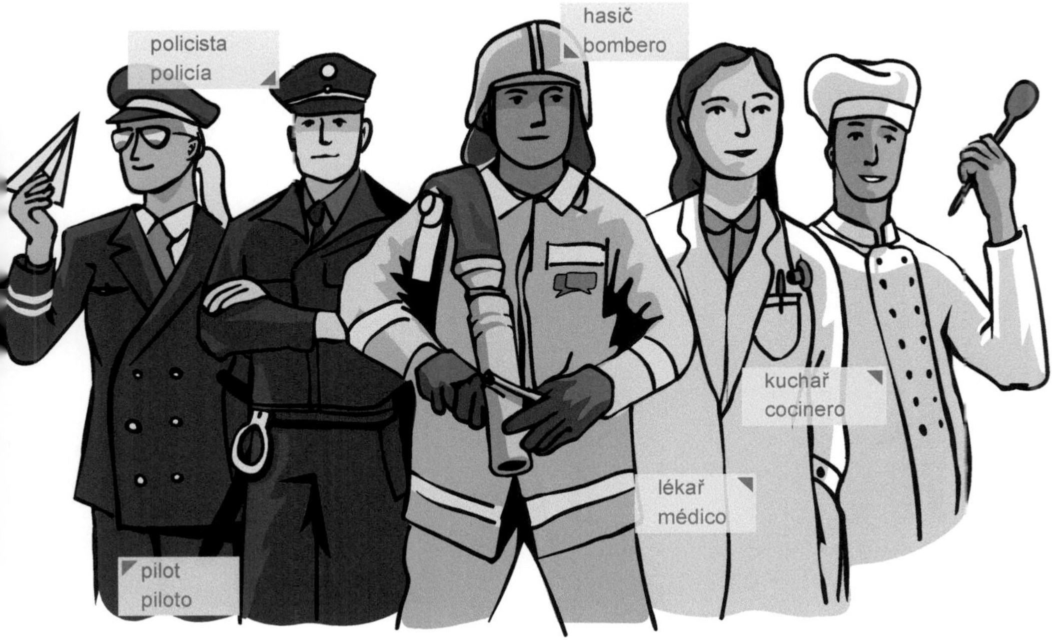

policista
policía
hasič
bombero
kuchař
cocinero
lékař
médico
pilot
piloto

zahradník

jardinero

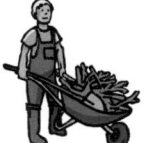

truhlář

carpintero

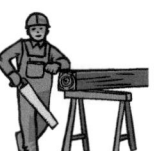

švadlena

costurera

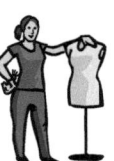

soudce

juez

chemik

químico

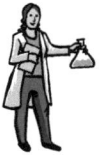

herec

actor

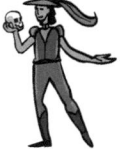

řidič autobusu

conductor de autobús

řidič taxi

taxista

rybář

pescador

uklízečka

mujer de la limpieza

pokrývač

techista

číšník

camarero

myslivec

cazador

malíř

pintor

pekař

panadero

elektrikář

electricista

stavební dělník

albañil

inženýr

ingeniero

řezník

carnicero

klempíř

fontanero

listonoš

cartero

voják
soldado

architekt
arquitecto

pokladní
cajero

florista
florista

kadeřník
peluquero

průvodčí
cobrador

mechanik
mecánico

kapitán
capitán

zubař
odontólogo

vědec
científico

rabín
rabino

imám
imam

mnich
monje

duchovní
párroco

nářadí
herramientas

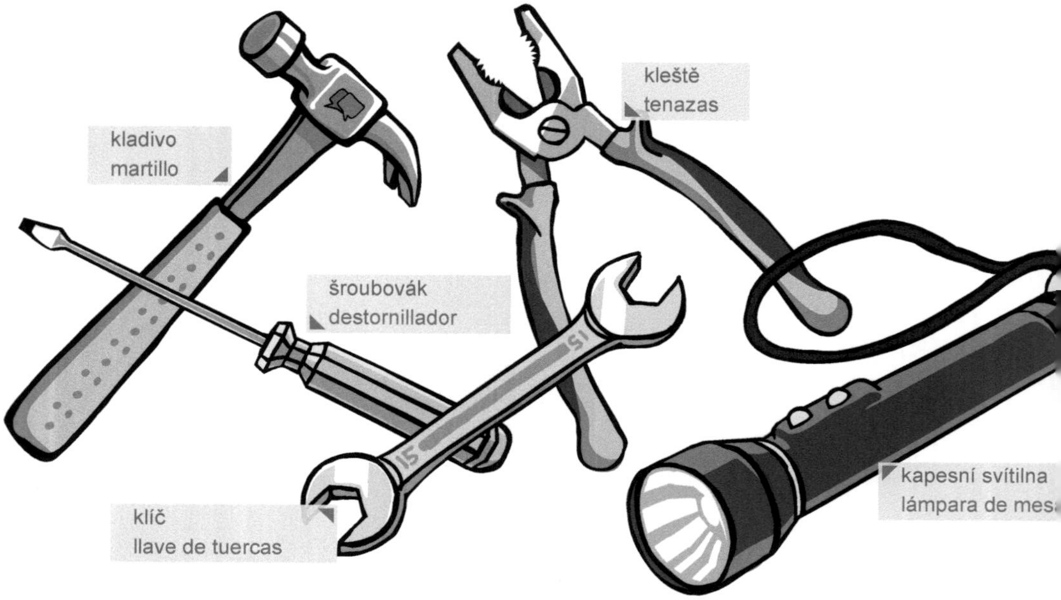
kladivo
martillo
kleště
tenazas
šroubovák
destornillador
klíč
llave de tuercas
kapesní svítilna
lámpara de mes

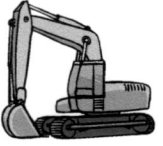

bagr

excavadora

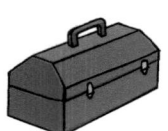

skříň na nářadí

caja de herramientas

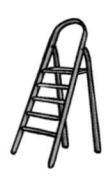

žebřík

escalerilla

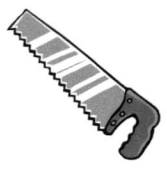

pila

serrucho

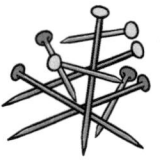

hřebíky

clavos

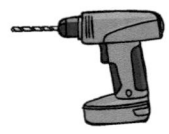

vrtačka

taladro

opravit

reparar

lopata

pala

Kurva!

¡Maldición!

lopatka

recogedor

vědroé na barvu

lata de pintura

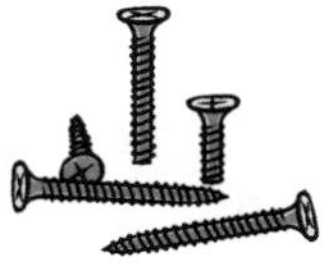

šrouby

tornillos

hudební nástroje

instrumentos musicales

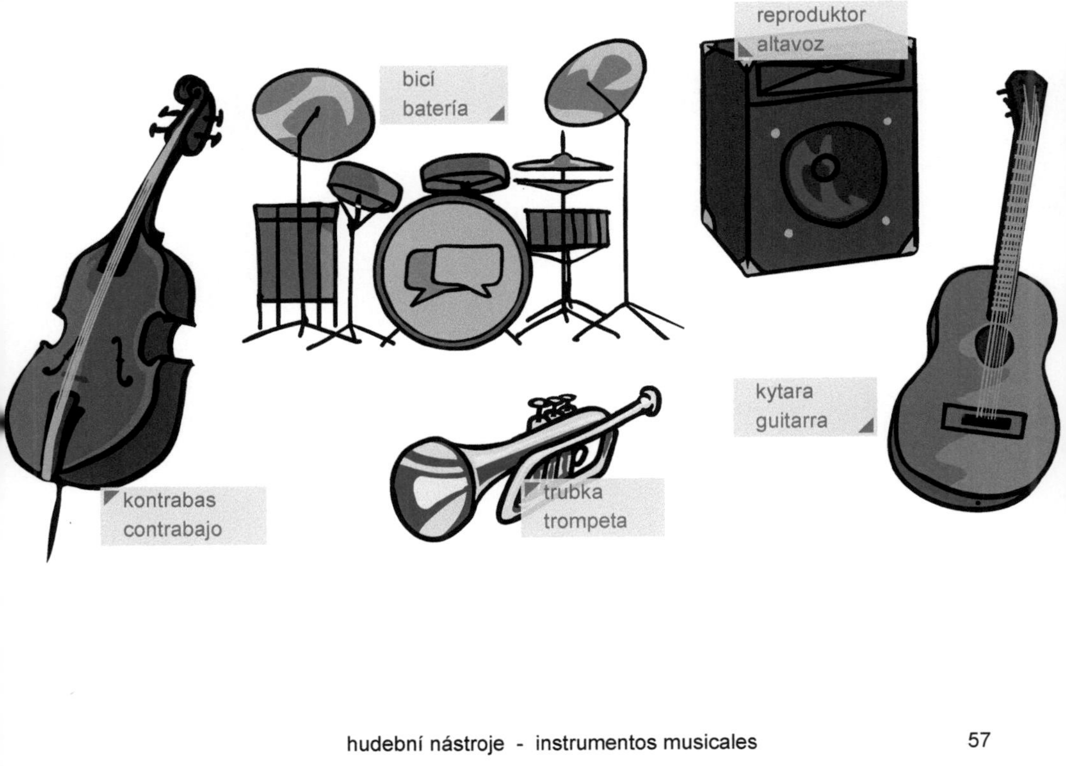

reproduktor
altavoz

bicí
batería

kontrabas
contrabajo

trubka
trompeta

kytara
guitarra

klavír

piano

housle

violín

basa

bajo

tympán

timbales

bubny

tambor

keyboard

teclado

saxofon

saxofón

flétna

flauta

mikrofon

micrófono

vstup
entrada

tygr
tigre

klec
jaula

zebra
cebra

krmivo pro zvířata
comida para animales

panda
panda

zvířata
animales

slon
elefante

klokan
canguro

nosorožec
rinoceronte

gorila
gorila

medvěd
oso

velbloud

camello

pštros

avestruz

lev

león

opice

mono

plameňák

flamengo

papoušek

papagayo

lední medvěd

oso polar

tučňák

pingüino

žralok

tiburón

páv

pavo real

had

serpiente

krokodýl

cocodrilo

ošetřovatel zvířat

cuidador del zoológico

tuleň

foca

jaguár

jaguar

poník

pony

leopard

leopardo

hroch

hipopótamo

žirafa

jirafa

orel

águila

divoké prase

jabalí

ryby

pescado

želva

tortuga

mrož

morsa

liška

zorro

gazela

gacela

americký fotbal
fútbol americano

cyklistika
ciclismo

tenis
tenis

košíková
baloncesto

plavání
natación

box
boxeo

lední hokej
hockey sobre hielo

kopaná
....
fútbol

badminton
....
badminton

lehká atletika
....
atletismo

házená
....
balonmano

běh na lyžích
....
esquí

vodní pólo
....
polo

aktivity
actividades

smát se
reír
skočit
saltar
objímat
abrazar
jít
caminar
zpívat
cantar
snít
soñar
modlit se
rezar
políbit
besar

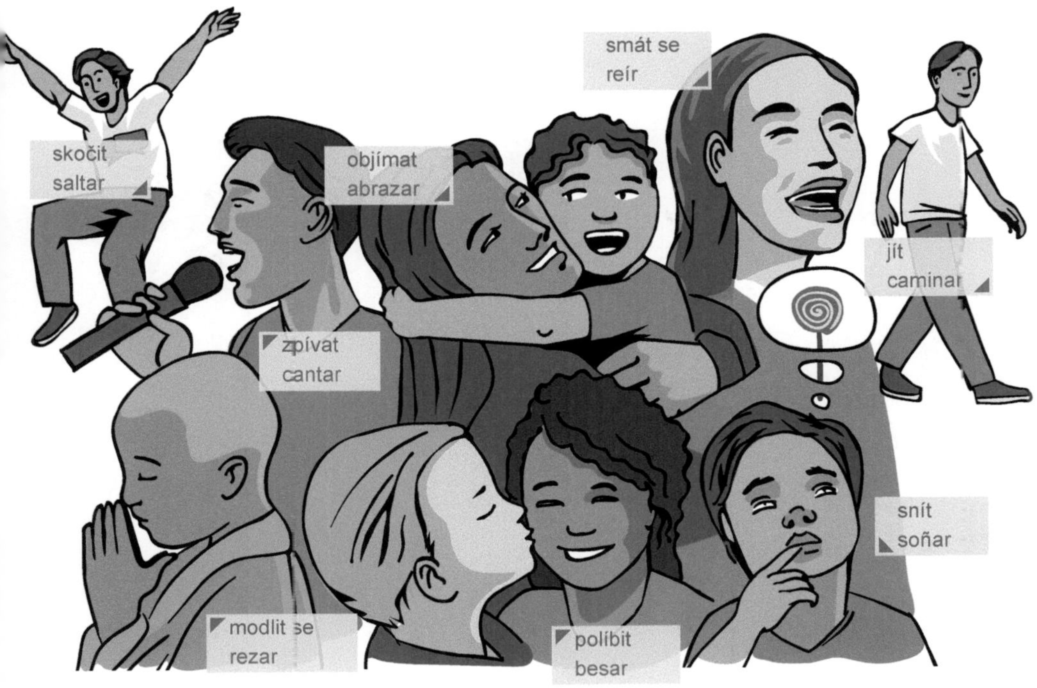

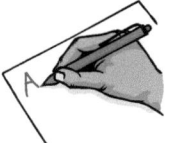

psát

escribir

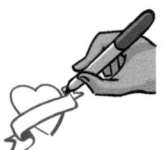

kreslit

dibujar

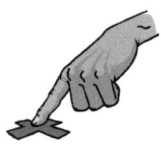

ukazovat

mostrar

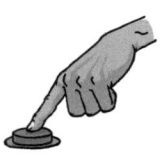

tlačit

presionar

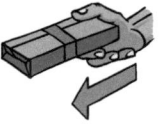

dát

dar

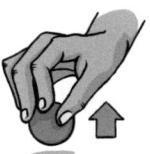

vzít si

tomar

mít

tener

dělat

hacer

být

ser

stát

estar de pie

běhat

correr

táhnout

tirar

hodit

arrojar

padat

caer

ležet

estar acostado

čekat

esperar

nosit

llevar

sedět

estar sentado

oblékat

vestirse

spát

dormir

vzbudit se

despertar

prohlédnout si

mirar

plakat

llorar

pohladit

acariciar

česat

peinarse

hovořit

conversar

rozumět

entender

ptát se

preguntar

slyšet

oír

pít

beber

jíst

comer

uklidit

asear

milovat

amar

vařit

cocinar

jet

conducir

letět

volar

plachtit

navegar

počítat

calcular

číst

leer

učit se

aprender

pracovat

trabajar

vzít si

casarse

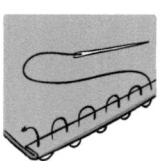

šít

coser

čistit si zuby

limpiarse los dientes

zabít

matar

kouřit

fumar

poslat

enviar

rodina
familia

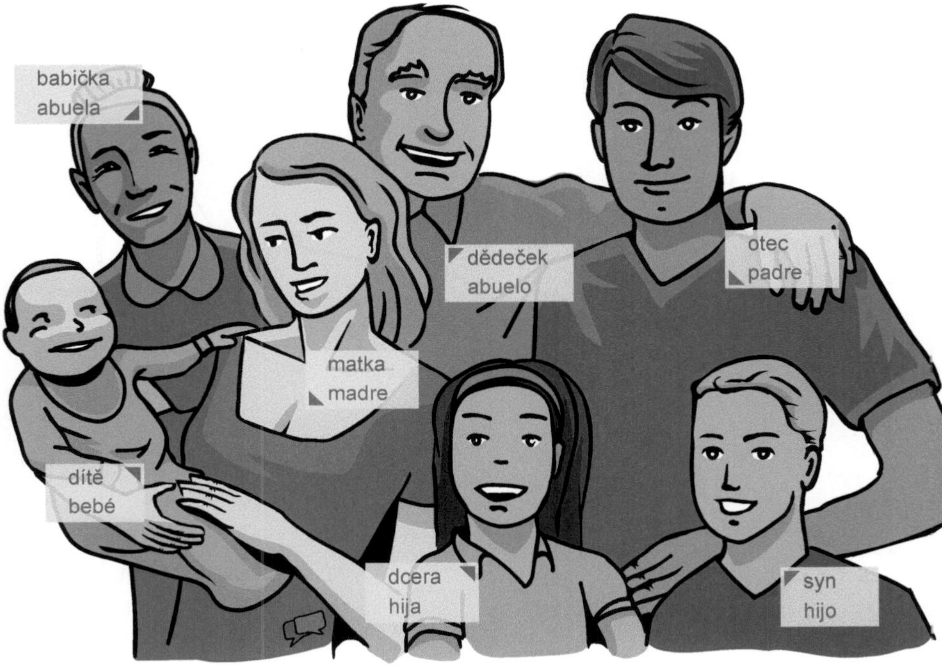
babička
abuela
dědeček
abuelo
otec
padre
matka
madre
dítě
bebé
dcera
hija
syn
hijo

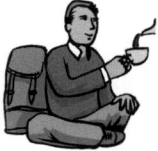

host
invitado

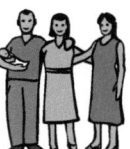

teta
tía

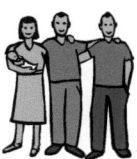

strýc
tío

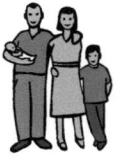

bratr
hermano

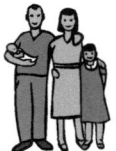

sestra
hermana

tělo

cuerpo

čelo
frente
oko
ojo
rameno
hombro
prst
dedo
obličej
cara
brada
barbilla
ruka
mano
dolní končetina
pierna
hruď
pecho
paže
brazo

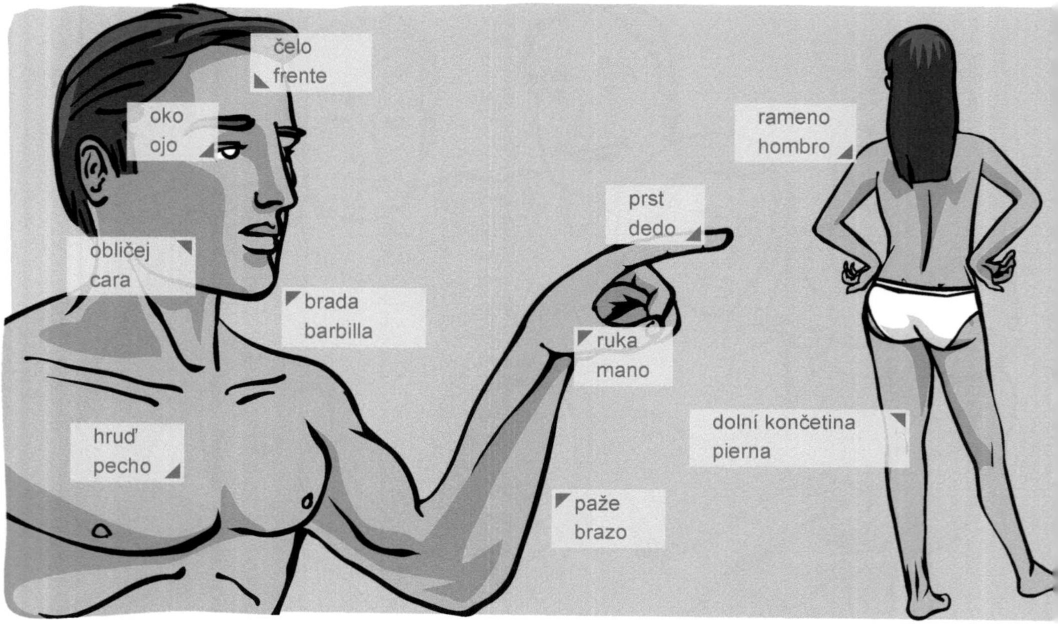

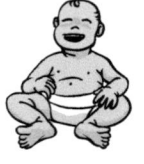

dítě

bebé

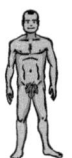

muž

hombre

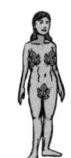

žena

mujer

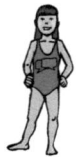

dívka

muchacha

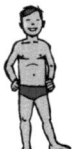

chlapec

joven

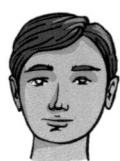

hlava

cabeza

záda

espalda

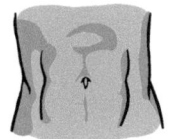

břicho

vientre

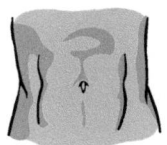

pupík

ombligo

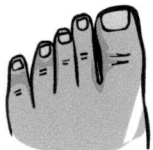

prst na noze

dedo del pie

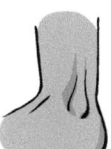

pata

talón

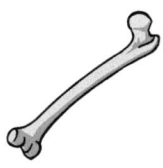

kost

hueso

bok

cadera

koleno

rodilla

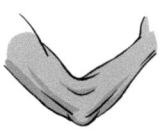

loket

codo

nos

nariz

zadek

trasero

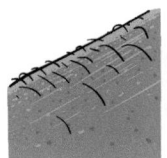

kůže

piel

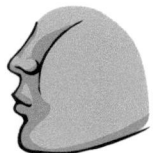

tvář

mejilla

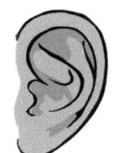

ucho

oreja

ret

labio

ústa
boca

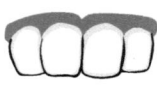

zub
diente

jazyk
lengua

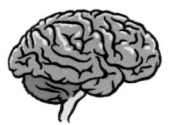

mozek
cerebro

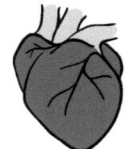

srdce
corazón

sval
músculo

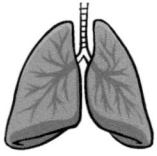

plíce
pulmón

játra
hígado

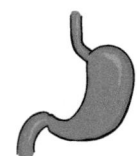

žaludek
estómago

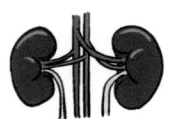

ledviny
riñones

pohlavní styk
relación sexual

kondom
condón

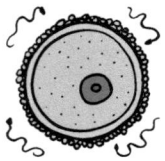

vajíčko
Óvulo

sperma
esperma

těhotenství
embarazo

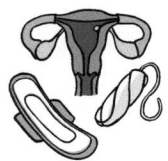

menstruace

menstruación

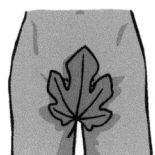

vagina

vagina

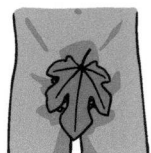

penis

pene

obočí

ceja

vlasy

cabello

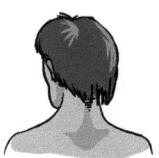

krk

cuello

nemocnice
hospital

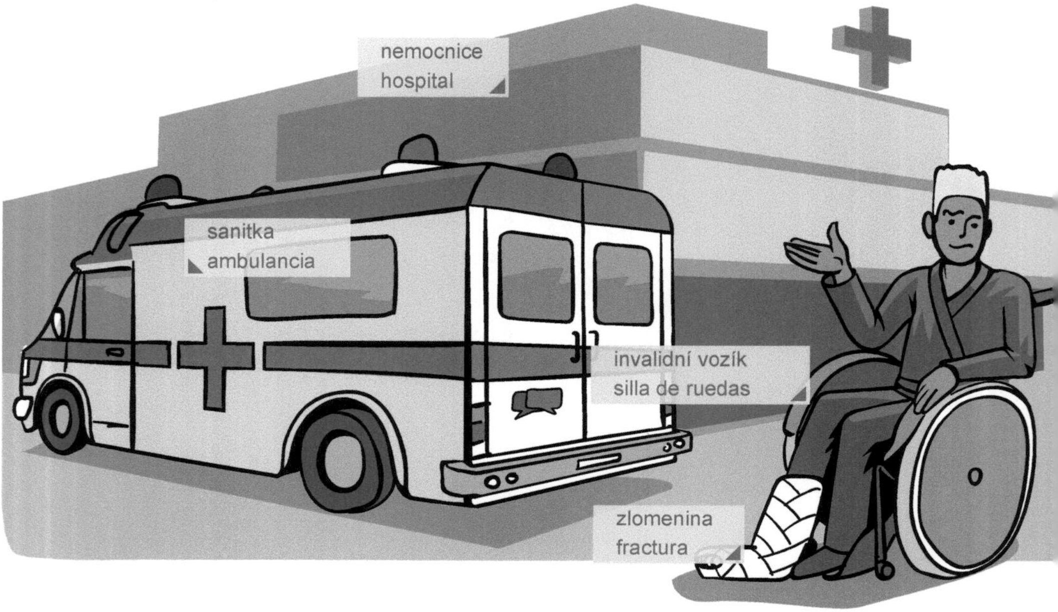

nemocnice
hospital
sanitka
ambulancia
invalidní vozík
silla de ruedas
zlomenina
fractura

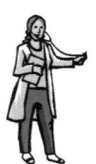

lékař

médico

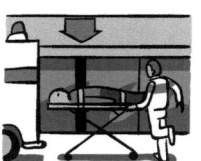

pohotovost

admisión de urgencia

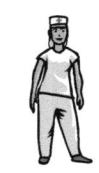

zdravotní sestra

enfermera

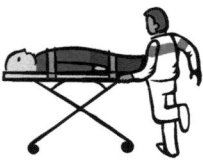

urgentní případ

emergencia

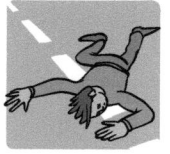

v bezvědomí

inconsciente

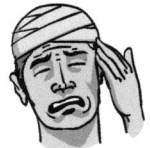

bolest

dolor

úraz

lesión

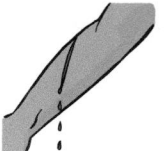

krvácení

hemorragia

infarkt myokardu

infarto de miocardio

cévní mozková příhoda

apoplejía cerebral

alergie

alergia

kašel

tos

horečka

fiebre

chřipka

gripe

průjem

diarrea

bolest hlavy

dolor de cabeza

rakovina

cáncer

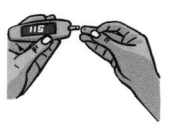

cukrovka

diabetes

chirurg

cirujano

skalpel

escalpelo

operace

operación

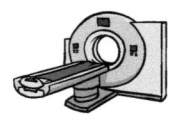

CT
TC

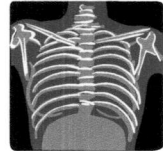

rentgen
rayos X

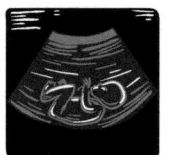

ultrazvuk
ultrasonido

maska
máscara

nemoc
enfermedad

čekárna
sala de espera

berle
muleta

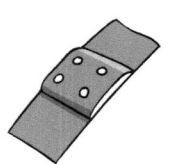

náplast
emplasto

obvaz
vendaje

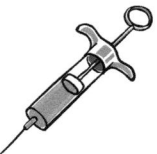

injekce
inyección

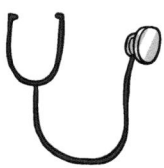

stetoskop
estetoscopio

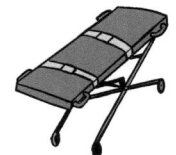

nosítka
camilla

teploměr
termómetro

porod
nacimiento

nadváha
sobrepeso

naslouchátko

audífono

dezinfekční prostředek

desinfectante

infekce

infección

virus

virus

HIV / AIDS

VIH / SIDA

lékařství

medicina

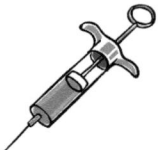

očkování

vacunación

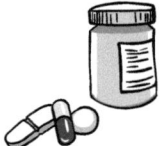

tablety

comprimido

pilulka

píldora anticonceptiva

tísňové volání

llamada de emergencia

tonometr

medidor de presión arterial

nemocný / zdravý

enfermo / saludable

nemocnice - hospital

Pomoc!

¡Ayuda!

poplach

alarma

přepadení

asalto

napadení

ataque

nebezpečí

peligro

nouzový východ

salida de emergencia

Hoří!

¡Fuego!

hasicí přístroj

extintor

nehoda

accidente

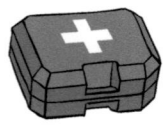

zdravotnická brašna

kit de primeros auxilios

SOS

SOS

policie

Policía

Evropa

Europa

Severní Amerika

América del Norte

Jižní Amerika

América del Sur

Afrika

África

Asie

Asia

Austrálie

Australia

Atlantik

Atlántico

Pacifik

Pacífico

Indický oceán

Océano Índico

Jižní ledový oceán

Océano Antártico

Severní ledový oceán

Océano Ártico

severní pól

Polo Norte

jižní pól

Polo Sur

Antarktida

Antártida

země

Tierra

pevnina

país

moře

mar

ostrov

isla

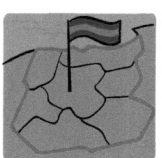

národ

nación

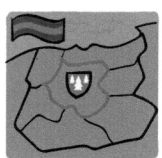

stát

Estado

ciferník

cuadrante

hodinová ručička

horario

minutová ručička

minutero

vteřinová ručička

segundero

Kolik je hodin?

¿Qué hora es?

den

día

čas

tiempo

teď

ahora

digitální hodinky

reloj digital

minuta

minuto

hodina

hora

týden

semana

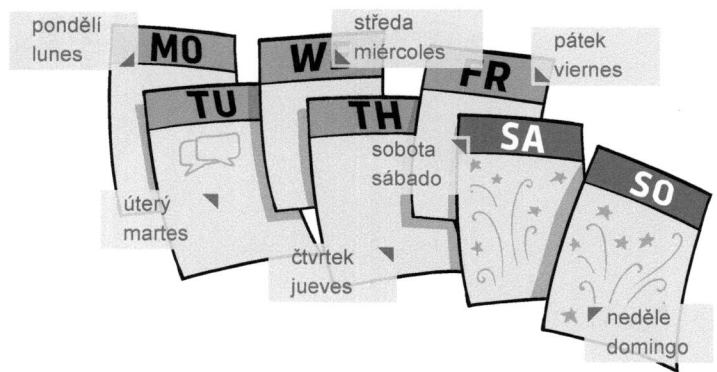

včera
ayer

dnes
hoy

zítra
mañana

ráno
mañana

poledne
mediodía

večer
tarde

MO	TU	WE	TH	FR	SA	SU
1	2	3	4	5	6	7
8	9	10	11	12	13	14
15	16	17	18	19	20	21
22	23	24	25	26	27	28
29	30	31	1	2	3	4

pracovní dny
jornada de trabajo

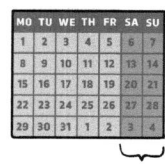

MO	TU	WE	TH	FR	SA	SU
1	2	3	4	5	6	7
8	9	10	11	12	13	14
15	16	17	18	19	20	21
22	23	24	25	26	27	28
29	30	31	1	2	3	4

víkend
fin de semana

déšť
lluvia

duha
arco iris

vítr
viento

sníh
nieve

jaro
primavera

podzim
otoño

léto
verano

zima
invierno

4.APRIL	11°	☀
5.APRIL	4°	
6.APRIL	13°	
7.APRIL	8°	☀
8.APRIL	10°	☀

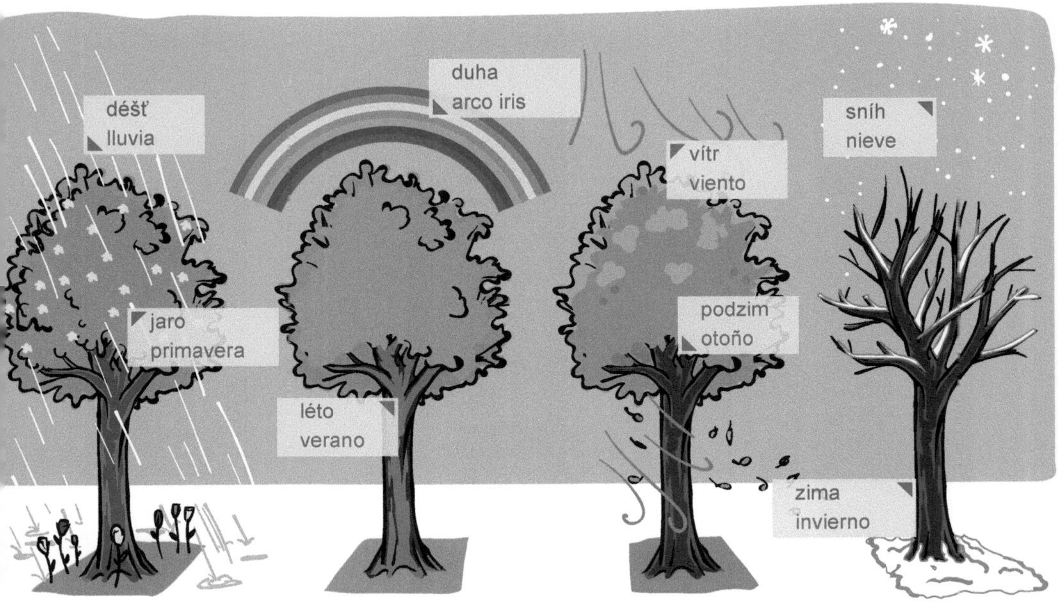

předpověď počasí

pronóstico meteorológico

teploměr

termómetro

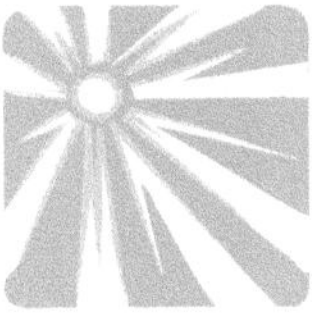

sluneční svit

luz solar

mrak

nube

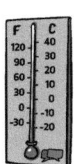

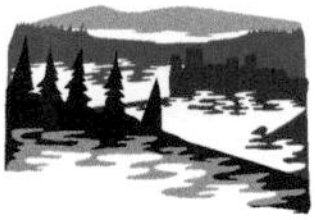

mlha

niebla

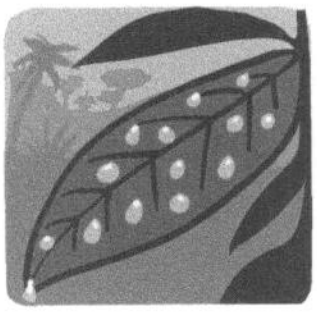

vlhkost

humedad ambiente

blesk

relámpago

hrom

trueno

bouřka

tormenta

kroupy

granizo

monzun

monzón

povodeň

inundación

led

hielo

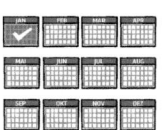

leden

enero

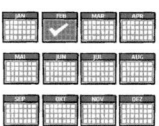

únor

febrero

březen

marzo

duben

abril

květen

mayo

červen

junio

červenec

julio

srpen

agosto

rok - año

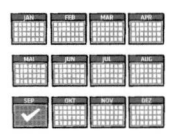

září
....
septiembre

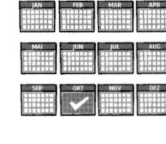

říjen
....
octubre

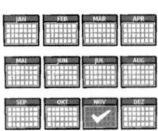

listopad
....
noviembre

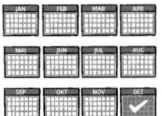

prosinec
....
diciembre

tvary
formas

kruh
....
círculo

čtverec
....
cuadrado

obdélník
....
rectángulo

trojúhelník
....
triángulo

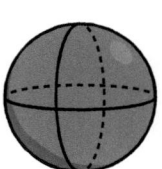

koule
....
esfera

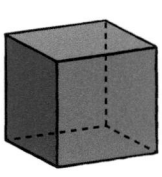

krychle
....
cubo

bílá
blanco

žlutá
amarillo

oranžová
anaranjado

růžová
rosa

červená
rojo

fialová
lila

modrá
azul

zelená
verde

hnědá
marrón

šedá
gris

černá
negro

hodně / málo

mucho / poco

rozzuřený / mírumilovný

enojado / calmado

krásný / ošklivý

bonito / feo

začátek / konec

comienzo / fin

velký / malý

grande / pequeño

světlý / tmavý

claro / oscuro

bratr / sestra

hermano / hermana

čistý / špinavý

limpio / sucio

úplný / neúplný

completo / incompleto

den / noc

día / noche

mrtvý / živý

muerto / vivo

široký / úzký

ancho / angosto

jedlý / nejedlý

disfrutable / no disfrutable

zlý / hodný

malo / amigable

vzrušený / znuděný

excitado / aburrido

tlustý / hubený

gordo / delgado

nejdříve / naposledy

primero / último

přítel / nepřítel

amigo / enemigo

plný / prázdný

lleno / vacío

tvrdý / měkký

duro / suave

těžký / lehký

pesado / liviano

hlad / žízeň

hambre / sed

nemocný / zdravý

enfermo / saludable

ilegální / legální

ilegal / legal

inteligentní / hloupý

inteligente / tonto

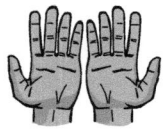

vlevo / vpravo

izquierda / derecha

blízko / daleko

cercano / lejano

nový / použitý

nuevo / usado

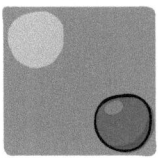

nic / něco

nada / algo

starý / mladý

viejo / joven

zapnutý / vypnutý

encendido / apagado

otevřeno / zavřeno

abierto / cerrado

tichý / hlasitý

bajo / fuerte

bohatý / chudý

rico / pobre

správný / špatný

correcto / incorrecto

drsný / hladký

áspero / liso

smutný / šťastný

triste / alegre

krátký / dlouhý

breve / extenso

pomalý / rychlý

lento / veloz

vlhký / suchý

mojado / seco

teplý / chladný

caliente / frío

válka / mír

guerra / paz

0

nula

cero

1

jedna

uno

2

dva

dos

3

tři

tres

4

čtyři

cuatro

5

pět

cinco

6

šest

seis

7

sedm

siete

8

osm

ocho

9

devět

nueve

10

deset

diez

11

jedenáct

once

12

dvanáct

doce

13

třináct

trece

14

čtrnáct

catorce

15

patnáct

quince

16

šestnáct

dieciséis

17

sedmnáct

diecisiete

18

osmnáct

dieciocho

19

devatenáct

diecinueve

20

dvacet

veinte

100

sto

cien

1.000

tisíc

mil

1.000.000

milion

millón

angličtina

inglés

americká angličtina

inglés estadounidense

standardní čínština

chino mandarín

hindština

hindi

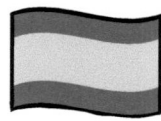

španělština

español

francouzština

francés

arabština

árabe

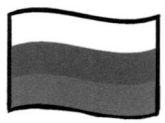

ruština

ruso

portugalština

portugués

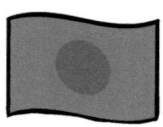

bengálština

bengalí

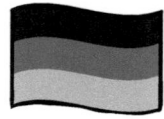

němčina

alemán

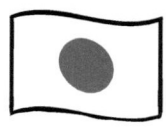

japonština

japonés

já
yo

ty
tú

on / ona / ono
él / ella

my
nosotros

vy
vosotros

oni
ellos

Kdo?
¿quién?

Co?
¿qué?

Jak?
¿cómo?

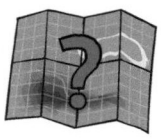

Kde?
¿dónde?

Kdy?
¿cuándo?

jméno
nombre

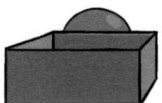

za

detrás

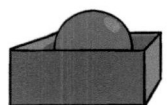

do

en

z

delante de

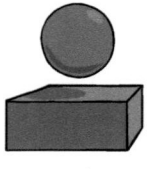

nad

encima de

na

sobre

mezi

debajo de

vedle

junto a

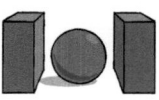

mezi

entre

místo

lugar